Le Commerce Équitable
quand des hommes défient le marché

**À Felix, Adela
et tous les membres de l'UCIRI
pour leur lutte quotidienne
vers un monde meilleur.**

Doubles pages précédentes :

Les mains habiles de Rosanelia récoltent les baies mûres de café
dans la plantation familiale de Guadalupe, dans la région de l'Isthme, au Mexique.

Tous les après-midi, Otilia Atanace Manuel racle ses grains de café qui ont séché au soleil.

Transportant des semis de café, un camion de l'UCIRI parcourt les routes sinueuses de la sierra Juarez.

Traduction : Emerson da Silva
Conception graphique : Aude Perrier

Retrouvez toutes nos parutions sur www.editionsaubanel.fr
© 2008 - Aubanel une marque des éditions Minerva, Genève (Suisse).

Le Commerce Équitable
quand des hommes défient le marché

Éric St-Pierre

Aubanel

Genaro marche plus d'une heure pour ramener les baies de café de la plantation familiale jusqu'au village de Guadalupe.

Sommaire

10 **Rêve réalisé entre lutte et résistance de nos peuples,** *par Francisco Van der Hoff, membre fondateur de l'UCIRI et cofondateur du label Max Havelaar*

13 **Témoignage sur un engagement,** *par Jean-Pierre Blanc, directeur général des Cafés Malongo*

17 **Introduction,** *par Éric St-Pierre*

19 **Visages café,** *par Mélissa Beaudet*
Felix et Adela
El Camino de la Esperanza / Le chemin de l'espoir
San Pedro Acatlán
Négociations
El Padre Frans / Le père Frans

109 **Tour du monde équitable,** *par Emerson da Silva*
Les bonnes raisons de la justice
Le cacao
Le riz
Le sucre
Le thé
La banane
Le coton

136 **Conclusion,** *par Éric St-Pierre*

139 **Remerciements**

Rêve réalisé entre lutte et résistance de nos peuples

La vie du petit producteur de café est très dure, surtout quand celui-ci est indien, habitant ancestral de ces terres. Mais cette vie est également pleine de sagesse, accumulée depuis des siècles, de joie, vécue entre obscurité et lumière, entre lutte et résistance. Nous sommes un peu à l'écart, ici, dans la sierra. Nous sommes un peu des oubliés de la longue histoire de notre pays, nous sommes des citoyens exclus des droits, mais nous marchons la tête haute, fiers de notre peuple, fiers de nos terres, de nos forêts, de nos rivières, de nos champs de café et de nos villages. Nous ne sommes pas des romantiques et nous n'acceptons pas d'être pris pour des personnages. Nous voulons mieux nous faire connaître dans notre lutte de tous les jours.

L'UCIRI est née lorsque des paysans se sont réunis pour, ensemble, essayer de comprendre pourquoi cela allait si mal. Et c'est effectivement ensemble qu'ils ont découvert que, par maintes façons, les acheteurs de café les exploitaient bel et bien et que le soutien de la banque rurale relevait plutôt d'une opération de corruption. Souhaitant tous lutter contre cet état de fait, ces paysans ont formé une organisation et établi des règles d'opération et de conduite. Solidarité et service ont été les devises choisies pour aller de l'avant et améliorer la vie des familles et des villages. Et c'est toujours ensemble qu'ils ont contacté des acheteurs à l'extérieur pour exporter leur café. En 1988, certains sont allés jusqu'en Hollande à la rencontre de groupes de consommateurs pour leur expliquer comment ils vivaient dans la montagne, comment ils étaient exploités et exclus des services d'éducation, de santé et de voirie, justifiant ainsi la nécessité d'imaginer un autre marché dans lequel ils obtiendraient un revenu minimal pour couvrir les coûts de production et les dépenses sociales.

Nous avons donc avancé et créé avec des amis le commerce équitable en Hollande, à travers l'association Max Havelaar. Ce n'était pas un marché du bénévolat ni de la charité, mais un autre marché, différent de celui existant où le plus fort détermine, dirige et défait les vies des producteurs ruraux. Créer ce marché fut notre idéal. Y arriver ne fut pas chose facile. Et sur cette longue route, en négociant notre café directement avec des entreprises sensibles à notre cause, en rénovant nos maisons, en exigeant du gouvernement notre dû, en prenant soin de l'environnement et de la biodiversité grâce aux cultures biologiques, nous avons découvert que notre combat avait été celui de la résistance aux coups bas des puissants du marché. Certaines entreprises transnationales célèbres ont bien essayé de s'imposer comme des entreprises sociales, mais uniquement dans le but de troubler les consommateurs. À l'UCIRI, nous avons toujours voulu travailler avec des entreprises solidaires, petites et moyennes, qui subissent, tout comme nous, la domination des grands.

En vingt-cinq ans de lutte, nous avons remarqué que le monde a changé. Au début, nous devions faire face aux petits « coyotes » du coin et maintenant nous en affrontons de plus gros. Nous n'avons pas peur, et la sagesse ancestrale nous aide à rester unis et nous donne la force d'aller de l'avant. Ce que nous avons réussi est très important pour les prochaines années : nous nous sentons plus forts, nous avons prouvé la viabilité du projet, nous avons fait évoluer notre organisation et aujourd'hui nous attaquons d'autres produits (fruits de la passion, tomates et bientôt fleurs et autres arbres fruitiers).
Capter en images la beauté de la campagne, et même, au-delà, la beauté de la lutte et de la résistance n'est pas une tâche facile. Mais les visages de l'espérance, eux, on peut les voir ! L'efficacité croissante, elle, on peut l'apprécier ! La solidarité se bâtit chaque jour à partir d'éléments bien concrets.
De même que nous profitons pleinement de la vie dans la montagne, nous souhaitons que vous profitiez de ces images et du peu que nous savons de la vie.

Francisco Van der Hoff, membre fondateur de l'UCIRI et cofondateur du label Max Havelaar

Témoignage sur un engagement

Spécialiste des cafés haut de gamme depuis 1934, Malongo est aussi le premier torréfacteur en France des cafés issus du commerce équitable et de l'agriculture biologique. Engagée dans le commerce équitable depuis 1992, l'entreprise est pionnière en la matière. Alors en voyage au Mexique, j'ai fait la rencontre du père Francisco qui m'a accueilli dans la coopérative UCIRI sur les hauts plateaux de l'État d'Oaxaca. Le café, fruit du travail des milliers de petits planteurs, était d'excellente qualité. Sa vision m'a tout de suite convaincu : acheter leur café à un prix minimum et garanti, indépendant des cours de la Bourse.
Le prix proposé (121 cents la livre) était bien au-dessus du cours (à l'époque à 60 cents), mais la qualité de ce café dépassait de loin celle des cafés conventionnels : ces petits producteurs avaient des plantations idéalement situées en altitude et sous ombrage, et leur production familiale récoltée à la main répondait à la demande qualitative de notre torréfaction. J'avais devant moi le père Francisco, le *padre* comme on l'appelle, conseiller de cette coopérative et aussi initiateur de la démarche « commerce équitable » et fondateur du label Max Havelaar, encore totalement inconnu à l'époque !

Nous avons progressivement développé avec l'UCIRI nos importations annuelles, pour créer en 1997 le Café des Petits Producteurs labellisé « Max Havelaar », lequel a officialisé notre démarche équitable auprès des consommateurs. Au préalable, nous avons étudié en détail ce label, ses mécanismes de contrôle, son fonctionnement. Son principe est simple, et unique encore aujourd'hui : un préfinancement de la campagne annuelle à hauteur de 60 % (sur demande des coopératives), un prix

Le Malongo Café à Nice sur la Côte d'Azur.

minimum garanti de 125 cents par livre (l'équivalent de 452 g) de café vert acheté, une prime supplémentaire de 10 cents/livre pour les projets sociaux de la coopérative, enfin une prime incitative à l'agriculture biologique de 20 cents/livre. Il y a par ailleurs un contrôle annuel réalisé sur les plantations (l'organisme de contrôle est FLO-Cert) et l'ensemble de la filière fonctionne avec une volonté démocratique et de représentativité de l'ensemble des acteurs (producteurs, torréfacteurs, importateurs...).

Sur les 70 origines de café vert que nous importons chaque année, près du tiers est actuellement issu du commerce équitable. En quinze ans d'engagement, cette part a continuellement augmenté et représente aujourd'hui 35 % de nos volumes d'achats annuels (soit 2 560 tonnes), côtoyant dans notre torréfaction nos autres prestigieuses origines comme le Blue Mountain de Jamaïque ou le Bourbon de Nouvelle-Calédonie. Comprenez-le bien : toutes les qualités de café vert que nous importons justifient un différentiel de prix par rapport au marché.

Sur le terrain, j'ai été heureux d'observer les progrès économiques, sociaux et environnementaux réalisés grâce au commerce équitable ; notamment par l'amélioration du niveau de vie, le développement de la formation des planteurs, et par cette vertu fondamentale du commerce équitable : permettre à des hommes de s'organiser, de se réapproprier les circuits de commercialisation, et d'exister dignement.

Dans mon métier, il y a pléthore de labels « développement durable ». Mais parler de développement durable sans en faire une question d'abord économique et sociale, c'est maintenir la précarité des hommes et le non-durable.
En tant que société de torréfaction défendant avec fermeté une éthique à l'égard des caféiculteurs, de nos produits et de notre clientèle, et revendiquant la vision économique d'un libéralisme responsable, nous en sommes venus à nous interroger, il y a quelques années, sur la place effective du développement durable dans notre entreprise. Face à la diversité des enjeux qui

s'y rapporte et face aux conséquences qui semblent se profiler pour les proches générations, il ne cesse de nous questionner. Nous avons donc fait de cette notion une valeur positive : le développement durable ou principe de précaution, de responsabilisation, d'innovation et de changement d'approche dans la connaissance et le développement de nos activités, quels que soient les flux dans notre société commerciale (café, emballage, transport, énergie, flux financiers...).

Les problèmes économiques et environnementaux actuels appellent une ère nouvelle : produire nos richesses et nos savoirs de manière différente, produire autrement. Le commerce équitable a ouvert cette voie, fragile et mince, il faut persévérer.
Oui, une voie fragile et mince. Et je préfère à cet effet la notion de citoyen à celle de consomm'acteur. Le commerce équitable n'est pas une mode. Il nous invite en tant que citoyen à être au cœur du système, à penser les rapports de forces, à agir sur eux, à accepter le bras de fer avec cette main invisible (soi-disant), pour la faire plier et la rendre humaine.
Or pour agir, il faut être informé, et correctement informé. La désinformation est un quatrième pouvoir, extrêmement puissant. Et elle est d'autant plus vivace que l'enjeu économique est fort, en même temps que de nouvelles sphères d'influence apparaissent – les citoyens eux-mêmes. Les référentiels et nos repères vont aussi évoluer dans les années à venir, et je le pense, d'une manière assez forte.

La désinformation, c'est un peu le « complexe de Pinocchio » qui veut vous faire croire que l'horizon est le bout de son nez.

Dans chaque tasse de café, il y a toujours eu, et il y aura toujours une histoire. Moins votre café sera éloigné de son histoire, plus il aura de choses à raconter à votre palais. Dans le cas inverse, ce n'est qu'un produit dans un rayonnage, un prix sur une étiquette.

Jean-Pierre Blanc, directeur général des Cafés Malongo

Introduction

Juin 1996. À Guadalupe, c'est jour d'assemblée pour les caféiculteurs. À l'ordre du jour, café et projets de développement. Magasin, micro-crédit, autobus,... Les projets semblent illimités et, chaque fois, ils sont réalisés grâce à la participation énergique des paysans et aux fonds issus de leur propre travail. C'est avec ces paysans et tous ceux qui forment l'Unión de Comunidades Indígenas de la Región del Istmo (UCIRI) que j'ai appris et compris ce que voulait dire « commerce équitable ». Un commerce direct, certes, mais surtout un commerce auprès de coopératives dont la démocratie active et le dynamisme génèrent des initiatives de développement. Ceci permet à des familles et des régions non seulement d'accroître leur bien-être mais surtout d'améliorer leur sort sans attendre d'aide extérieure.

En plus de dix ans, j'ai revisité à cinq reprises Guadalupe et les familles de l'UCIRI. J'ai aussi eu le privilège de visiter des organisations paysannes de cacao, de sucre, de riz et autres produits équitables dans plusieurs pays. J'ai toujours vécu directement auprès de ces paysans, partageant les tâches et les conditions de vie au quotidien, et j'ai tenu à ce que nos différences économiques et culturelles n'empêchent aucunement des rencontres humaines. Ce respect pour ces paysans, j'ai voulu qu'il se traduise dans mes images. Sans être complaisantes, ces images ont été saisies telles qu'elles se sont présentées à moi, toujours à l'affût des lumières et des moments qui exprimaient leur magie sur ma pellicule.

En 2008, l'UCIRI fête ses vingt-cinq ans de fondation. À ses débuts, l'existence même d'une organisation démocratique de petits producteurs a défié les acteurs locaux du marché du café. Aujourd'hui, c'est tout le marché mondial qui est secoué par le commerce équitable. Par le biais de ce livre, je veux vous présenter ces personnes exceptionnelles, hommes, femmes et enfants qui ont su, dans l'adversité, relever ces défis. Je souhaite que ce soit pour vous aussi une rencontre.

Éric St-Pierre

Carmen, Pablo et Marco, leur onzième enfant, au village de San Pedro Acatlán, dans l'État d'Oaxaca.

Visages & café

Felix et Adela

Un vent frais siffle et secoue les grands arbres de la forêt subtropicale de la région de l'Isthme au Mexique. Le visage d'Adela n'a pas changé. Ses yeux sont toujours aussi brillants et sa peau cuivrée, façonnée par le temps et ses origines zapotèques, témoigne du travail rude dans la sierra. La bonne humeur de cette sexagénaire est contagieuse.

Le soleil perce à peine les montagnes entourant Guadalupe – petit village autochtone de l'État d'Oaxaca au sud du Mexique – qu'Adela, vêtue de son coloré *huipil*, est affairée à la préparation des *tortillas* qui nourriront la famille pour la journée. Felix, son mari, s'empresse de dépulper les baies de café. Tour à tour, ses bras font tourner la manivelle qui permet aux grains de café de se défaire de la chair qui les entoure. D'un côté, les grains jaunes tombent, de l'autre, la pulpe des baies. Compostée, cette pulpe servira à enrichir le sol des caféiers.

Pendant ce temps, Rosanelia, leur petite-fille, passe le maïs dans un petit moulin à main alors qu'Adela met une bûche de bois au feu. La chaleur qui se dégage du four en terre cuite permet de préparer le bon café sucré et de réchauffer les *frijoles*, des fèves noires. Le bruit des mains qui tapent ensemble la pâte de maïs des *tortillas* indique que le petit déjeuner sera bientôt prêt. L'odeur du bois, des *tortillas* qui cuisent et du café réchauffe l'âme de tous en ce matin froid de janvier.

Adela Guzmán Lopéz, janvier 2007.

Dans l'État d'Oaxaca, les autochtones, comme Rosanelia et ses grands-parents qui sont d'origine zapotèque, comptent pour la moitié de la population.

Des jeunes Zapotèques du village de Guadalupe.

Le festival de la Guelaguetza à Oaxaca.

Autochtones

Héritiers d'une histoire qui culmina avec la construction de Monte Albán — l'une des plus grandes et des plus puissantes sociétés des Amériques de l'époque — Adela, Felix et Rosanelia conservent les traditions et coutumes issues de la société zapotèque. Déjà cinq siècles avant Jésus-Christ, cette communauté sédentaire cultivait le maïs, les haricots noirs et développait un État centralisé, ce qui constitue la première tentative d'organisation politique et administrative du continent ! Aujourd'hui, l'État d'Oaxaca dénombre seize ethnies autochtones qui parlent plus de quatre-vingt-dix dialectes différents. Elles forment ensemble près de la moitié de la population de l'État qui compte environ trois millions d'habitants.

La cité de Monte Albán, qui a connu son apogée lors de la période zapotèque entre 200 et 600 ans après J.-C.

Felix et Adela sont des membres fondateurs de l'Unión de Comunidades Indígenas de la Región del Istmo (UCIRI), une coopérative phare de café équitable, implantée au début des années 1980. L'UCIRI est née de la nécessité qu'avaient les paysans de l'Isthme à s'organiser pour trouver une alternative permettant de pallier les déficits financiers causés par le prix de plus en plus bas du café. Endettés et dépendants des influents « coyotes » (des marchands locaux qui achètent le café à bas prix et qui jouent le rôle de prêteurs usuriers), les paysans ont bien des raisons de chercher un nouveau système pour vendre leur café. Ensemble, en 1981, les agriculteurs de la région ainsi que quelques prêtres missionnaires se réunissent. Après avoir identifié leurs difficultés et ciblé leurs objectifs en fonction de leurs ressources, ils essaient de trouver de meilleures avenues pour le café, leur principale source de revenus.

Fidèle à ses origines,
Catalina Jiménez porte le *huipil*,
ce vêtement traditionnel
brodé et coloré.

Avec ses soixante ans de sagesse,
le visage d'Adela Guzmán Lopéz
traduit ses années de durs labeurs.

Les longues journées de travail de cette jeune arrière-grand-mère
sont ponctuées par l'incontournable préparation des *tortillas*, la traite des vaches,
le transport du bois et autres tâches ménagères.

Felix Terán Mendoza désherbe son champ de maïs qu'il cultive sur brûlis.
Chaque année, il défriche un lopin, brûle les arbres et les broussailles
pour fertiliser la terre, puis il sème du maïs ou des fèves, l'agriculture de subsistance dans la région.

À force de courage et de ténacité, les paysans membres de l'UCIRI ont surmonté les différents défis qui se sont fait jour. Ils ont fait face à leurs craintes de la ville ou des nouvelles technologies, et ils n'ont pas hésité à s'instruire pour en apprendre davantage sur le commerce mondial. En 1983, après d'âpres négociations, les paysans ont finalement réussi à obtenir un statut juridique légal. Mais ce n'est que lors de la récolte de 1986-1987 que leur première exportation autonome et directe vers la Hollande et l'Allemagne est réalisée. Elle a d'ailleurs nécessité une grande confiance de la part des paysans. Sans garantie aucune de revenus, ces derniers ont expédié à l'UCIRI quelques sacs de café vert du lot de leur récolte annuelle. Le reste s'est vendu à bas prix au « coyote » local qui pouvait alors garantir un revenu immédiat. Ce n'est que plusieurs mois plus tard, une fois leur café exporté au Nord et l'argent retourné au Sud, que le fruit de leur travail et de leur confiance fut finalement récompensé, et de belle façon, avec des recettes trois fois supérieures à celles qui sont offertes sur le circuit traditionnel ! L'UCIRI était lancée…

Au village de Guadalupe, comme dans les cinquante-six communautés représentées dans l'UCIRI,
les membres de la coopérative se réunissent tous les deux mois pour discuter café et projets de développement.
Une démocratie vivante et participative qui est au cœur de la réussite de l'UCIRI.

Jose Castrol dans les grains de café pergamino.
Ces grains s'apprêtent à perdre la dernière fine couche de parche qui les protège.

Marcelino Fernandez Garcia, président de l'UCIRI (2005-2007), referme un sac de café pergamino séché au soleil.

Famille Garcia Crisanto de San Pedro Acatlán dans la région mixe.
L'UCIRI compte des membres issus de quatre groupes autochtones : zapotèque, mixe, chontale et mixtèque.

La coopérative regroupait alors des familles de dix-sept communautés autochtones. Vingt-cinq ans plus tard, l'UCIRI ne compte pas moins de cinquante-six communautés regroupant plus de deux mille cinq cents familles. Au fil des années, la coopérative a construit de vastes entrepôts pour le café, acquis des camions pour le transport et de la machinerie spécialisée pour la sélection des grains. Leur organisation structurée et l'emploi de techniques professionnelles les a rapidement conduits au rang de spécialistes de l'exportation du café au Mexique. Avec le soutien de Francisco Van der Hoff, prêtre-ouvrier néerlandais et conseiller auprès de la coopérative depuis ses origines, l'UCIRI est en contact avec de nombreux clients dans le monde équitable et devient l'une des figures de proue de ce mouvement influençant de nombreuses organisations paysannes. Évidemment, l'idée et la création d'une voie sociale alternative pour le café n'ont pas plu à tous. Les « coyotes » et les intermédiaires du café « traditionnel » se méfiaient grandement de la perte de leur monopole sur *el grano de oro*. Des actes de violence, parfois très graves, ont été répertoriés entre 1985 et 1992, dont trente-sept meurtres de membres de l'UCIRI.

El Comercio justo,
un comercio mas justo

« *le commerce équitable, un commerce plus juste* »

L'histoire du commerce équitable remonte à plusieurs années. En 1940 aux États-Unis, un mouvement protestant met sur pied un commerce de produits issus des communautés pauvres et vendus aux croyants fréquentant leurs églises. Ce mouvement devient, quelque temps plus tard, connu sous le nom de « Ten Thousand Villages ». Ce n'est qu'à la fin des années 1950 et après un passage à Hong Kong auprès de réfugiées chinoises, qu'Oxfam, une organisation humanitaire, et sa directrice Leslie Kirkley décident de vendre des produits artisanaux par le biais de leurs boutiques. En 1964, Oxfam crée Alternative Trade Organizations (ATOs), la première organisation à vendre des produits sur les réseaux alternatifs. La création du premier label de certification Max Havelaar est toutefois l'initiative de Nico Roozen et Francisco Van der Hoff en 1988.

En plus d'une relation directe avec des organisations démocratiques de producteurs, les fondements du commerce équitable ont pour objectif, entre autres choses, de favoriser un prix juste, de s'engager à long terme avec la coopérative — dans le but de favoriser la croissance des projets communautaires — et de pratiquer une agriculture respectueuse de l'environnement (souvent même biologique).

Le thé, le riz, le cacao, le sucre, le miel, les épices, les bananes, les noix, le vin…, au total dix-huit catégories de produits sont certifiées « équitables » par le biais de différents organismes de labellisation dans le monde.

Aujourd'hui, on estime à plus de 70 000 les points de vente de produits équitables en Europe. De plus en plus, les consommateurs recherchent les labels de certification lorsqu'ils achètent un produit. Et pour qu'un produit soit certifié « équitable », sa production doit correspondre à certains critères bien définis[*] par des organismes de certifications internationaux (voir page 43).

[*] Waridel, Laure, *Acheter, c'est voter. Le cas du café*, Montréal, Éditions Écosociété, 2005, p. 112.

Chauffeur de camion, travailleurs de l'entrepôt, employés et autres membres de l'UCIRI dans l'entrepôt de café de Lachivizá.

Esperanza Orosco Gudino et Clémente Reyez Mendoza sont parmi les doyens de Guadalupe.
Ils ont participé à la fondation du village, il y a plus de cinquante ans.

Aujourd'hui, plusieurs de leurs enfants ont quitté la région pour trouver du travail en ville.

Avec son grand entrepôt de café aux murs blancs, le siège social de l'UCIRI à Lachivizá
est un symbole de développement économique et surtout d'autonomie pour les familles membres et les travailleurs.

Pour une certification équitable

Un COMMERCE DIRECT / Le produit doit être acheté par l'importateur du Nord directement à la coopérative ou à l'association de producteurs du Sud, écartant ainsi les intermédiaires. Cela permet d'éviter la spéculation boursière et réduit le nombre d'intermédiaires.

Un JUSTE PRIX / Pour une livre de café arabica, le prix minimum payé à la coopérative est de 1,25 dollar américain. Une prime de 0,20 dollar américain la livre est versée si le café est en plus certifié biologique. Une prime de 0,10 dollar américain la livre est également versée pour les projets sociaux de la coopérative.

Un ENGAGEMENT À LONG TERME / Les partenaires signent une lettre d'intention assurant à l'acheteur un approvisionnement stable et des revenus garantis aux organisations de producteurs.

Un ACCÈS AU CRÉDIT / Sur demande, les coopératives ont accès à un paiement anticipé ou à un prêt à un taux d'intérêt raisonnable de la part des acheteurs du Nord.

Une ORGANISATION DÉMOCRATIQUE ET TRANSPARENTE / La coopérative doit être gérée de manière démocratique et transparente.

La PROTECTION DE L'ENVIRONNEMENT / Les membres des coopératives certifiées équitables pratiquent une agriculture à petite échelle et respectueuse de l'environnement. Bien qu'elles ne soient pas toutes certifiées biologiques, la plupart des coopératives n'utilisent pas de pesticides ni d'engrais chimiques. Elles mettent sur pied leurs propres projets de développement communautaire.

Encore marginalisé, le commerce équitable est toutefois devenu l'un des marchés à la croissance la plus rapide au monde, et fait vivre plus de 1,4 million de paysans/producteurs. Grâce à la prise de conscience des consommateurs, ce sont maintenant près de 42 % des Français qui affirment avoir consommé un produit équitable dans les douze derniers mois[*].

[*] Sondage Pèlerin-CCFD / TNS-Sofres publié le 20 avril 2006.

Les filières Max Havelaar

Dans son application, le commerce équitable met en relation trois types d'acteurs économiques : les producteurs qui existent en tant qu'organisations (coopérative, association, etc.), les détenteurs de la licence qui sont tous les utilisateurs du label, et les négociants qui sont les exportateurs et les importateurs de la matière première.

Les règles sont définies et adaptées pour chaque filière équitable, sous la forme de standards internationaux. L'estampillage du label Max Havelaar sur une boîte de café implique que 100 % de son café soit issu de la filière Max Havelaar.

Le commerce équitable s'organise autour de deux entités internationales distinctes :

FLO (Fairtrade Labelling Organizations) International est une association basée à Bonn (en Allemagne), dont l'activité consiste à définir les standards internationaux du commerce équitable, à développer de nouvelles filières et à soutenir les producteurs. L'association est relayée dans les pays producteurs par des bureaux de liaison (25 au total). Ces bureaux de liaison ont un rôle très actif et primordial pour informer et aider les petits producteurs qui souhaitent intégrer les filières du commerce équitable.

FLO-Cert est l'organisme de contrôle accrédité qui gère la certification des acteurs de la filière, que ce soit pour une délivrance du label ou le contrôle annuel des intervenants. Cette certification est décidée par un comité multipartite où les producteurs, les concessionnaires, les négociants sont représentés, et elle passe par une accréditation des demandes et leur renouvellement annuel. Au niveau des producteurs, un audit de contrôle est réalisé chaque année ou tous les deux ans, fréquence décidée en fonction des résultats du contrôle précédent.

FLO est relayée dans chaque pays où le label existe par des associations nationales. Au Canada, la certification est assurée par Transfair Canada. En France, ce rôle est tenu par l'association Max Havelaar France, responsable de la promotion du label vers les consommateurs. Elle organise notamment depuis 2001, en partenariat avec la Plate-forme française pour le commerce équitable, le rendez-vous national de la Quinzaine du commerce équitable qui se déroule chaque année début mai.

FLO International sous le label Max Havelaar compte aujourd'hui 18 filières labellisées, distribuées dans 21 pays, et voit son chiffre d'affaires mondial atteindre 1 609 millions d'euros en 2006 (1 132 millions en 2005). La démarche Max Havelaar initiée depuis une petite coopérative au fin fond du Mexique est un bel exploit : ce sont 240 organisations de producteurs de café dans 25 pays qui bénéficient aujourd'hui des conditions de ce commerce équitable, et 570 organisations de petits producteurs dans plus de 50 pays du Sud sur l'ensemble des filières : soit 1,4 million de petits producteurs.

À la fois global, puisque le commerce équitable n'est pas un marché alternatif mais bien une alternative à un marché sans contrôle, et local, puisque sa dynamique permet aux producteurs de s'organiser, passant d'un statut de marginalisation et d'exploitation économique à un statut d'autodétermination et de fierté retrouvée, le commerce équitable a aussi ses limites. Des études d'impact ont montré que le revenu journalier des petits producteurs est passé de 1 dollar américain à 2 dollars américains ; et si bien sûr l'impact économique du commerce équitable doit être considéré dans son ensemble (investissement dans des structures collectives d'intérêt général, création de banques régionales, développement de la formation et de l'éducation, amélioration de la santé), offrant aux producteurs de réelles perspectives d'avenir, la consolidation de cet avenir passe aussi par de nouvelles solutions.

La diversification économique basée sur la création de nouvelles filières agricoles valorisant les savoir-faire communautaires et le patrimoine végétal local est l'une des solutions. La transformation locale des produits agricoles afin de ne pas perdre la plus-value et de répondre au marché national en est une autre. Le développement de nouveaux services utilisant les nouvelles technologies est une troisième voie. Dans cette optique, le commerce équitable est une étape intermédiaire.

À Guadalupe, le petit déjeuner est maintenant terminé. Adela emballe les restes des *tortillas*, des *frijoles* et du café pour le prochain repas en montagne. Felix prépare ses chevaux, et tous partent pour la sierra. Une autre journée de récolte de café les attend. Le chemin de montagne qui mène aux caféiers de Felix est escarpé, mais c'est d'un pas rapide et habitué que les travailleurs atteignent les plantations de café, saluant chaleureusement les familles croisées au passage.

À peine arrivé, après une longue heure de marche, chacun se met au travail. Une à une, les baies de café tombent dans le petit panier en paille attaché à la taille de Rosanelia. Elle ne choisit que les baies mûres d'un rouge vif. Elle dépose les baies sèches ou trop mûres destinées au café de la maison dans un sac de coton en bandoulière. Ses mains, entraînées par des années de travail, récoltent rapidement le café biologique et séparent machinalement les baies de différentes qualités. Rosanelia peut récolter près d'une dizaine de paniers par jour, même si elle prend le temps nécessaire à la préparation du feu pour servir le café bien chaud à sa famille pour le déjeuner. Ici, le café se récolte majoritairement entre décembre et mars.

Une journée ne peut débuter sans la confection des *tortillas* (ces crêpes de maïs) qui, avec les *frijoles*, constituent la base de l'alimentation des familles paysannes.

Au Mexique, les fleurs du caféier apparaissent au printemps.
Ces fleurs blanches, une fois fécondées, se transforment en un fruit vert.
Chaque fruit compte deux grains, les semences du caféier.

El Cafe
« le café »

Originaires d'Afrique, plus précisément d'Éthiopie, les premiers grains de café, découverts au XIIe siècle, seraient issus de la province de Kaffa, où les caféiers poussaient à l'état sauvage[1]. Aujourd'hui, dans une cinquantaine de pays du Sud, 7 millions de tonnes de grains de café sont récoltés annuellement par près de vingt-cinq millions de familles[2].

Bien que l'image des plantations de café soit souvent associée à celle d'immenses domaines tels ceux rencontrés au Brésil, la production mondiale de café provient d'exploitations principalement familiales de superficie inférieure à 10 hectares, et le plus souvent en dessous de 5 hectares[3].

Deux types de café sont principalement cultivés : le robusta et l'arabica. L'arabica reste le plus raffiné et représente près de 70 % de la production mondiale. Au Mexique, où l'on trouve majoritairement un sol volcanique, l'arabica est cultivé sous couvert forestier entre 800 et 1 500 mètres d'altitude. Les deux variétés font généralement des fruits trois ou quatre années suivant la plantation, et vivent entre vingt et trente ans. Six à huit mois sont nécessaires à une cerise d'arabica avant qu'elle ne mûrisse, alors qu'il en faut de neuf à onze pour le robusta.

Produit exclusivement au Sud et consommé essentiellement au Nord, le café est une culture commerciale d'importance. Après le pétrole, il est le deuxième marché mondial des matières premières. Le Mexique se situe au cinquième rang des pays producteurs de café, derrière le Brésil, le Vietnam, la Colombie et l'Indonésie. La production caféière mexicaine se chiffrait, en 2005-2006, à 287 260 tonnes de café vert, soit 4,6 % de la production mondiale cette année-là[4]. Les pays industrialisés consomment près de 70 % de la production planétaire. Les États-Unis sont en tête, mais le continent européen reste celui qui a le taux le plus élevé de consommation, jusqu'à 10 kilogrammes annuellement par habitant. Seulement cinq grosses multinationales acquièrent près de la moitié de la production mondiale annuelle : Kraft, Nestlé, Procter & Gamble, Sara Lee et Tchibo. Leurs ventes annuelles génèrent des revenus supérieurs à plusieurs milliards de dollars américains !

1. Wrigley, Gordon, Coffee, New York, Longman Scientific & Technical, 1998.
2. Source : www.faostat.org
3. Rapport parlementaire du Sénat français au projet de loi autorisant l'approbation de l'accord international de 2001 sur le café.
4. Source : www.faostat.org

Les chiens aboient, il est 17 heures. Felix descend un peu plus bas sur sa terre, accompagné de ses ânes, pour aller chercher les baies de café récoltées par Rosanelia. Il ne reste plus qu'à mettre les sacs de café sur le dos des chevaux qui transporteront la charge jusqu'au village, et c'est en file indienne que chacun retourne à Guadalupe pour continuer le travail du café.

Le soleil se couche peu à peu derrière les nuages et les montagnes. Le bruit rythmé des dépulpeuses de café se mêle à celui des râteaux qui crissent sur les sols bétonnés pour amasser les grains de café avant qu'ils ne prennent l'humidité de la nuit. Dans chacune des maisons, les hommes silencieux se dépêchent de finir le travail pendant que les femmes préparent le feu de bois pour le repas. Un voisin vient parler à Felix de la réunion des membres de l'UCIRI prévue le lendemain, au petit entrepôt du village. La démocratie est au cœur du travail de la coopérative. Tous les deux mois, des réunions se tiennent dans chacune des communautés membres pour discuter de café, de gestion et de projets de développement communautaire. Quelques délégués se rendent ensuite à la réunion centrale à Lachivizá, certains participants de communautés éloignées voyagent alors plus de vingt-quatre heures à pied, en camion et en autobus pour participer à ces rencontres.
La discussion terminée, Felix retourne à ses baies qu'il passe au moulin. Son travail se poursuivra jusqu'à la tombée de la nuit.

Après chaque journée de cueillette, Jose Eli, Severiano et Rosalia, accompagnés de Jose Eli junior, passent les baies au petit moulin pour séparer les grains de la pulpe.

Les fruits verts du caféier mûrissent durant six à huit mois avant de devenir rouges et d'être récoltés.
Ces fruits sont alors passés au petit moulin pour en extraire les grains qui, après une courte fermentation,
sont lavés à l'eau claire et séchés au soleil pendant plusieurs jours.

Le grain arbore alors une couleur dorée, *el grano de oro*,
qu'on appelle également pergamino ou café parche, du nom de la fine pellicule qui protège le grain.
À la suite du déparchage, on obtient les grains verts qui se retrouveront sur le marché mondial.

José Teran dans la plantation de son oncle Felix à Guadalupe.

Chaque après-midi, Suzana Teran Villanueva ramasse ses grains de café qui ont séché au soleil toute la journée.
Si le temps est clément, le séchage des grains prendra cinq jours.

Lachivizá, siège social et cœur de la coopérative UCIRI nichée dans les montagnes de la sierra Juarez.

	La route traditionnelle		La route équitable
Producteur ↓ Intermédiaire local ↘		Travailleur agricole ↓ Propriétaire terrien ↙	Producteur ↓ Coopérative
	Transformateur Exportateur Courtier Importateur Torréfacteur Distributeur Détaillant Consommateur		Importateur Torréfacteur Distributeur Détaillant Consommateur

El Camino de la Esperanza
« le chemin de l'espoir »

Guadalupe, 4 h 55. L'écho des montagnes renvoie le coup de klaxon matinal de l'autobus qui vient chercher celles et ceux qui se rendent à Ixtepec, la plus grande ville de la région, à six heures de route de Guadalupe. Les gens font déjà la queue et les enfants, encore tout endormis dans les bras de leur mère, se frottent les yeux. Les coqs se réveillent et chantent tour à tour. Lorsque l'autobus arrive, Gutberto dit au revoir à sa femme Evancia et à ses enfants, la grande Maria (15 ans), la petite Yamileth (6 ans), et Jose Angel (3 ans). Il monte dans l'autobus accompagné de son fils Ulysses (10 ans) qui poursuit ses études primaires à Ixtepec. Gutberto est un membre fondateur de la coopérative UCIRI. Chaque lundi matin, après un week-end en famille, il retourne travailler à Ixtepec.

Les moyens de locomotion étant limités et les villages restant très éloignés des grands centres, il était donc difficile de se déplacer. Pour régler ce problème, la coopérative UCIRI a rapidement investi dans les transports collectifs en achetant cinq autobus qui desservent quotidiennement les régions montagneuses isolées vers la ville d'Ixtepec.

L'un des cinq autobus de l'UCIRI qui offrent un important service à l'ensemble des paysans de la région.

Santa María Guenagati, dernier arrêt avant Lachivizá.

L'autobus se remplit peu à peu au fil des villages traversés et du jour qui se lève. Membres de la coopérative mais aussi non-membres y prennent place. La musique mexicaine en fond sonore maintient éveillés le conducteur ainsi que les passagers. À 7 heures, l'autobus est plein à craquer : les nouveaux voyageurs doivent embarquer sur le toit et s'accrocher fermement. Quelques minutes plus tard, l'autobus fait une pause à Lachivizá, au cœur même de la coopérative UCIRI. Un terrain de basket est couvert de grains de café dorés qui sèchent. Un peu plus loin, près de l'entrepôt, quelques hommes s'affairent à réparer le toit en paille de la *palapa* qui accueille les réunions mensuelles. Les vents forts des derniers jours ont eu raison d'une partie de celui-ci. Les murs de la *palapa* sont colorés grâce aux magnifiques fresques de Raúl, le peintre de la coopérative, qui représentent les différents projets sociaux développés par l'UCIRI. Son atelier est tout à côté ; des souvenirs de la France y sont éparpillés ici et là. En effet, un voyage de quelques mois, pour le compte des Cafés Malongo, lui a permis de développer ses peintures murales et d'exposer son travail et sa vision artistique sur les thèmes du travail quotidien et de la lutte des paysans qui cultivent le café.

Raúl Guzmán Enriquez,
artiste

Le village de Santo Domingo Petapa est un célèbre chef-lieu, vieux de cinq cents ans. Il a été reconnu comme tel en 1540, par don Antonio de Mendoza, le premier vice-roi de la Nouvelle Espagne. Jusqu'en 1989, le café était sa principale source de revenus. Ce produit fut introduit dans la communauté dans la dernière décennie du XIXe siècle par Féliz Guzmán, mon trisaïeul. Je suis né sur des terres caféières, dans la ferme Chahuitepec, autrement dit, Santo Domingo Petapa. Mon enfance, je l'ai vécue au contact avec la nature. Mes parents, Lázaro Guzmán Castillo et Carmen Enríquez Gaspar, s'adonnaient aux travaux des champs et aux labeurs domestiques. J'aime le dessin depuis tout petit. J'illustrais mes cahiers d'école avec des images de ma région : paysages, iguanes, lézards, crapauds, poissons, rochers, rivières. La pauvreté extrême et le manque de possibilités ont été la principale source d'éveil de mon inspiration, de mon désir de représenter, par les voies du sentiment, la réalité de mon peuple. Je n'avais que huit ans lorsque j'ai fait ma première esquisse, **La force de de la liberté,** *une représentation symbolique de mon peuple et de ses rêves… Il y avait des chaînes et des barreaux qui brillaient comme s'ils étaient faits d'or. Au centre, la liberté était représentée sous la forme d'un petit oiseau, délicat et fragile. Son esprit l'aide à rompre les barreaux, le petit oiseau conquiert sa liberté.*

En 1992, on m'a invité à illustrer les scènes où se tiendrait le 10e Festival paysan. J'ai alors commencé à toucher du doigt ce rêve de devenir un jour artiste. C'est là, avec les paysans, que j'ai forgé ma philosophie de travail en commun, criant avec eux « Unis, nous vaincrons ! ». Notre réalité était crue, difficile, mais nous étions animés par l'amour et la passion de notre identité. Administrateurs, assesseurs, paysans, travailleurs, nous avons avancé par le même chemin, apprenant du passé et regardant vers l'avenir. Ensuite, l'UCIRI m'a fourni une occasion. Celle d'avoir une motivation, une philosophie, un style pour réaliser mes œuvres. L'UCIRI m'a donné des « pourquoi » et des « pour qui » lutter, et m'a montré comment lutter pour un monde où il y a de la place pour tous, où notre voix sera entendue et notre travail valorisé et respecté. J'ai voyagé de par le monde, en laissant de-ci de-là des œuvres d'art pour que les gens puissent apprécier et comprendre les rêves, les espoirs de cette petite contrée mexicaine.

Raúl Guzmán Enriquez devant l'une de ses fresques, au centre de santé de la coopérative.

« Ma peinture exprime
la résistance, la lutte, la quête,
la transcendance de la vie.
Ainsi je pousse mon cri
de protestation et, mieux que ça,
mon cri d'espérance
de ce qu'un jour la lumière jaillira. »
Raúl Guzmán Enriquez

Plusieurs personnes descendent de l'autobus et en profitent pour se dégourdir les jambes tout en achetant un breuvage au petit magasin tenu par la coopérative. On y trouve quelques denrées de base comme l'huile, le sucre, le riz et les pâtes. Ces *tiendas* sont présentes dans chacune des petites communautés. Une femme demande au caissier un jus froid de maracuya, un délicieux fruit tropical riche en vitamine C, qu'elle préfère à la boisson gazeuse très populaire ici. Ces breuvages sont issus d'un projet développé, il y a deux ans, par la coopérative. Pendant longtemps, la seule source de revenus des agriculteurs était le café dont le cours était décidé à la Bourse. Par suite de nombreuses chutes de prix, les cultivateurs ont compris l'importance de diversifier leurs sources de revenus. Certains cultivent donc également le fruit de la passion qui sera transformé en marmelade ou en jus à Lachivizá, dans un espace aménagé en bordure de l'entrepôt de café. Principalement destinés au marché local, les produits biologiques issus de ce fruit se vendent dans quelques *tiendas* de la sierra, mais également à Ixtepec.

Une autre femme descend et se dirige vers la *Casa de Salud*, le Centre de santé, où elle travaille comme promotrice depuis maintenant quelques années. Avec son équipe, répartie dans cinquante-six communautés, elle mise sur l'apprentissage, la formation et la promotion de la santé. Ensemble, ils mettent également sur pied des activités visant à utiliser les ressources naturelles locales (principalement les plantes et les herbes) pour la prévention de maladies, tout en tentant de diffuser les connaissances traditionnelles, longtemps délaissées depuis l'arrivée des Espagnols en terres mexicaines.
Un homme attend sur le pas de la porte. Il s'est coupé le doigt alors qu'il manœuvrait la machinerie dans l'entrepôt. La coupure profonde le fait grimacer tandis que la responsable du Centre de santé désinfecte et applique une pommade naturelle à base de plantes. La femme, soucieuse et attentionnée, lui explique les bienfaits des ressources naturelles utilisées pour ce traitement. À cette *Casa de Salud*, on retrouve également les services d'un médecin et d'un dentiste. De plus, chaque communauté a son promoteur (ou sa promotrice) de la santé qui suit des formations régulières auprès du médecin et qui fait ensuite de la prévention avec les membres de l'UCIRI.

Anaideth Mendoza tient la petite pharmacie des membres à Santa María Guenagati.

L'autobus un peu moins bondé reprend sa route. Après quelques arrêts d'un village à un autre dans la descente sinueuse des montagnes, il s'immobilise enfin. La chaleur est accablante à Ixtepec. Il est 10 heures. Gutberto se dirige vers la banque de l'UCIRI et remet fièrement sa carte d'affaires : « Gutberto Osorio Olivera, presidente, consejo de administration, Esperanza Indigena Zapoteca s.c. » Une magnifique fresque en trois dimensions, réalisée par Raúl, représente la *tierra madre* (la « terre-mère ») sur le mur du fond, derrière les ordinateurs modernes des caissiers.

La banque fonctionne sur des valeurs d'honnêteté et de confiance. Elle a pour principaux objectifs d'offrir et de rendre disponibles aux communautés de l'Isthme des services financiers rentables et autosuffisants, tout en leur proposant du crédit agricole à des taux d'intérêts raisonnables et compétitifs. Marginalisés et pauvres, les paysans autochtones n'ont que très rarement accès au crédit des grandes banques mexicaines, par contre ils sont étouffés par les taux d'usurier des « coyotes ». Le personnel, qualifié et efficace, ouvre des comptes bancaires aux membres, qui y déposent leurs économies et ainsi capitalisent. Beaucoup plus rentable et sécuritaire que l'achat de bétail comme placement, la banque compte aujourd'hui près de 4 800 clients, et plus de 9 millions de pesos (900 000 dollars américains) en capital !

Traditionnellement, les femmes étaient peu impliquées dans la politique des villages. Aujourd'hui, les femmes membres de l'UCIRI, comme Josefina Arista de Santa María Guenagati, ont leurs propres assemblées et réalisent différents projets de développement.

San Pedro Acatlán

Un épais brouillard couvre les montagnes et le petit village de San Pedro Acatlán. La famille Teodoro Ortis, membre de l'UCIRI, sort tranquillement de son sommeil. Il est 6 heures. Carmen, la mère, se dirige vers la cuisine pour débuter la préparation du repas qui nourrira ses sept enfants qui vivent encore à la maison. Peu à peu, la lumière entre par la fenêtre de cette cuisine aménagée sans électricité.

Pascasio Martinez Cabrera marche dans la brume matinale sur un sentier menant au village de San Pedro Acatlán.

Aujourd'hui, pour Pablo, le chef de famille, c'est jour de fête… En effet, à San Pedro Acatlán, la récolte est presque terminée, il est temps de recevoir les fruits de leur travail à l'entrepôt du village. Au milieu de la résidence, un séchoir à café aménagé temporairement au centre contient les baies rouges et vertes en attendant qu'elles se fassent trier. Les enfants, curieux, s'entassent et regardent par la fenêtre les membres du conseil d'administration local de l'UCIRI qui calculent le montant à recevoir pour chaque adhérent. La pièce est sombre, des sacs de café sont empilés au fond. Cinq personnes attendent, dont Pablo et Otilia, venus chercher leur revenu. Cette dernière compte minutieusement ses pesos sous le regard attentif des trésoriers et dépose sa signature sur la feuille qui officialise la transaction. Otilia range les pesos dans la poche de sa jupe fleurie et retourne tranquillement à la maison.

Le petit Marco, 3 ans, est accroupi et ouvre une boîte à chaussures remplie de photos souvenirs. À chaque fois qu'il en trouve une de Juan, son frère, il la soulève de sa petite main dodue et la montre à son père. Les yeux pétillants, Pablo regarde avec fierté la photo de son fils avec qui il a semé deux hectares de nouveaux caféiers à sa sortie de El CEC, l'école d'agriculture de la coopérative.

La famille Teodoro Ortis de San Pedro Acatlán : Carmen, Pablo et leurs huit enfants en juillet 1996 (onze en 2007).

Avec l'eau de pluie récupérée au cours de la nuit, Ceria s'offre un bain matinal.
Le soir, sa mère Carmen et son frère Maximiliano sont illuminés grâce au feu de la cuisine.

En 1996, la famille Teodoro Ortis
— comme l'ensemble des familles
du village de San Pedro Acatlán —
vivait sans eau courante,
ni électricité, ni route carrossable.
Aujourd'hui, la route
et l'eau vont jusqu'au village,
et les plans sont dessinés
pour l'arrivée du service électrique.

Hernand Martinez Morales, agronome au Centro de Educación Campesina (El CEC).
L'école d'agriculture de l'UCIRI fut la première école secondaire de la région.

El Centro de Educación Campesina (Centre d'éducation paysanne), El CEC, est un projet qui a vu le jour en 1986, sans aide gouvernementale. Situé à San José el Paraíso, au milieu des forêts, El CEC était la première et seule école secondaire de la région lors de sa construction. L'école proposait alors aux jeunes filles et garçons âgés entre 15 et 20 ans d'apprendre les matières de base, telles les mathématiques, l'informatique, la géographie, l'histoire et surtout l'agriculture biologique du café, du maïs et des autres denrées de subsistance. Des connaissances pratiques très utiles dans les villages de la région.

Considérant la terre comme leur mère (*tierra madre*) et tenant à leur santé et à celle de l'écosystème dans lequel ils vivent, les paysans de l'UCIRI ont mis de côté les pesticides et fertilisants chimiques et ont opté pour des méthodes plus saines et plus respectueuses de leur environnement. Ils favorisent également la diversité des sols par la plantation de plusieurs espèces de végétaux. Certes l'agriculture biologique du café nécessite plus de soins, en revanche elle n'hypothèque pas la santé des travailleurs, elle bonifie même la qualité du produit, réduit le coût de production et offre un meilleur prix de vente aux producteurs. À l'époque, les enfants les plus motivés étaient envoyés à El CEC. La formation quotidienne et intensive permettait à l'élève, après son passage, de retourner dans son village pour enseigner, transmettre ses connaissances et valoriser le travail agricole. Certains élèves, tel que Juan, choisissaient également de devenir techniciens en agriculture pour ainsi contribuer à l'expansion de l'agriculture biologique et à la diversification alimentaire des familles membres.

Feliciano Candido Pantaleon, comme des centaines de jeunes de la région, a appris la culture du café, mais également le jardinage des légumes et la culture de diverses denrées de subsistance.

Le projet d'étang
de pisciculture, comme celui où
se trouve Santos Garcia Corenel,
permet de diversifier
l'alimentation des familles.

Pablo Teodoro avec quelques cartes postales et photos de son fils Juan immigré aux États-Unis depuis 2003.

La dernière année, El CEC ne poursuivait son travail que par des formations ponctuelles. Plusieurs écoles secondaires se sont construites dans la région. De plus, grâce à un projet de bourse géré par le gouvernement mexicain, de nombreux étudiants quittent leur village pour poursuivre leurs études à la ville. Les revenus obtenus grâce à la bourse permettent un accès plus facile à l'éducation, et les familles paysannes trouvent évidemment la prime supplémentaire intéressante. Cela a toutefois entraîné l'exode des élèves les plus doués hors du réseau de El CEC et une diminution de ses diplômés (15 en 2006, contrairement à 30 en 1996), qui maintenant ne souhaitent que très rarement poursuivre leur service social comme techniciens en agriculture. À la fin de 2007, les bâtiments d'El CEC furent cédés à la municipalité de San José el Paraíso qui, avec l'aide d'une organisation locale, offrira sous peu une *preparatoria* (cours pré-universitaire) aux jeunes de la région.

Marco, enthousiaste, poursuit ses recherches de photos dans la boîte à souvenirs. Après quelques minutes, il y retrouve une carte postale aux coins arrondis par l'usure. Le paysage urbain et les grosses lettres colorées indiquent « Los Angeles, California ». Marco sourit, fasciné devant toutes ces lumières et couleurs. Il n'a jamais connu Juan autrement que par les photographies et ces quelques cartes postales. Son grand frère s'est exilé aux États-Unis en 2003, quelques mois avant sa naissance. Juan est l'un de ceux, comme plusieurs jeunes de la région, qui a quitté sa famille et son pays pour vivre le rêve américain. Se confronter à la réalité d'immigrants illégaux aux États-Unis était pour lui la meilleure chose pour se souhaiter un lendemain plus prometteur. C'est donc après une traversée extrêmement difficile de plusieurs jours du désert de l'État d'Arizona que Juan, complètement épuisé et sans nourriture, est arrivé dans la région agricole et pétrolière de Bakersfield, en Californie.

Pour cette traversée clandestine jusqu'aux États-Unis, Juan a dû payer 2 000 dollars américains à un passeur mexicain. Aux US Customs and Border Protection du secteur d'El Centro en Californie, on comptabilisait, en juillet 2007, 45 829 arrestations d'immigrants illégaux et 8 décès (la déshydratation et l'épuisement en étant les principales causes). Au total, entre 600 000 et 1 million d'immigrants illégaux se font appréhender chaque année le long de la frontière américaine. Mais pour chaque clandestin arrêté, quatre réussissent à passer au travers des mailles du filet*.

Depuis 2003, Juan accumule les emplois en restauration, travaillant parfois jusqu'à quatorze heures par jour dans trois restaurants différents ! Sa principale motivation : amasser le plus d'argent possible pour l'envoyer à sa famille qui peine avec les revenus du café, et préparer son retour au Mexique.
Régulièrement, il expédie de l'argent à ses parents ; les 1 500 dollars américains reçus le mois dernier correspondent à l'ensemble des revenus annuels de la récolte de café de Pablo (environ 15 000 pesos). La contribution de son fils lui permet d'acheter des denrées de base, comme le sucre et le sel, et de payer les manœuvres agricoles qui l'aident au champ. Car il y a dix ans, le salaire d'un manœuvre était fixé à 20 pesos par jour (2 dollars américains) soit le même prix qu'un kilo de café pergamino vendu à la coopérative. Aujourd'hui, il en coûte 80 pesos pour le même travail, alors que le prix du café est resté le même… Plusieurs de ses anciens manœuvres travaillent maintenant à la construction de routes subventionnée par l'État. Leur salaire est évidemment plus élevé que celui obtenu dans les champs. Il devient extrêmement difficile de trouver de la main-d'œuvre pour un caféiculteur. Et malgré un prix parfois trois fois supérieur à celui du marché conventionnel, le café des producteurs vendu à la coopérative UCIRI ne parvient pas toujours à convaincre les jeunes de rester au pays.

Wrigley, Gordon, Coffee, New York, Longman Scientific & Technical, 1998.

Juan Teodoro Ortis à Bakersfield, au cœur de la Californie.

Ceria et Pablito Teodoro Ortis à San Pedro Acatlán.

Ceria et ses frères,
dix ans plus tard.

Négociations

La pièce blanche est climatisée. Une table en bois, au centre, accueille les représentants de la coopérative UCIRI et ceux de Malongo, un torréfacteur français de café fin dont 35 % de ses importations sont issues du commerce équitable. Des sacs de café, des calculatrices et du papier traînent sur la table. D'un côté, Javier, 25 ans, responsable de la commercialisation de l'UCIRI, Isaias, premier président et responsable des relations nationales et d'Amérique latine, et Francisco Van der Hoff. De l'autre, Jean-Pierre Blanc, directeur général de Malongo.
Chacun écrit et réfléchit aux propos tenus. L'UCIRI et Malongo discutent du nombre de conteneurs à exporter et du prix de ces derniers. Force est de constater que ce n'est pas une négociation classique où le jeu de force et de pouvoir suit la loi des marchés : « L'achat de produits issus du commerce équitable, ce n'est pas comme dans le commerce conventionnel… », souligne Jean-Pierre Blanc. Au cœur des discussions, une demande d'augmentation des primes sociales et biologiques du café équitable est émise par les organisations de producteurs de café d'Amérique latine. Et bien que FLO, organisme qui chapeaute la certification équitable, n'ait toujours pas entériné les demandes des coopératives, le directeur de Malongo accepte cette proposition. Une chaleureuse poignée de main avec Javier vient officialiser l'entente des deux parties sous le regard amusé de Francisco.

Jour de paie pour les membres de San Pedro Acatlán. Grâce aux exportations de la coopérative, les membres reçoivent plus de revenus de la vente du café.

Il s'agit d'une des premières négociations internationales de Javier à titre de responsable de la commercialisation. Il prend les commandes et signe ainsi un contrat à un prix encore plus élevé pour le café des producteurs. Motivé et ayant foi en l'UCIRI et aux vertus du commerce équitable, Javier n'hésite pas à en apprendre davantage sur les lois régissant le commerce mondial ; et c'est notamment lors d'un séjour linguistique à Montréal, au Canada qu'il a appris l'anglais, un atout important pour son travail.

Ce type de partenariat commercial entre le Nord et le Sud, basé sur le dialogue, la transparence, le respect et qui vise à atteindre plus d'équité dans le commerce international, nécessite un effort de compréhension de la part de l'acheteur. Ces actions, liées à une responsabilisation du consommateur, contribuent à améliorer la diffusion de ce nouveau modèle économique basé sur l'humain. L'UCIRI, au fil des ans, est devenue un exemple de réussite. Malgré les nouveaux défis à relever, l'obstination des adhérents, le respect envers l'environnement, les multiples projets sociaux pour le bien-être de la communauté, la démocratie et le souhait constant de se développer font de l'UCIRI une coopérative qui sert de modèle à plusieurs communautés du Sud. Les retombées du commerce équitable sont nombreuses et palpables au sein des coopératives, car elles permettent à des millions de producteurs de vivre dans la dignité et d'accomplir leur travail avec fierté.

Francisco Van der Hoff accueillant Jean-Pierre Blanc, directeur général des Cafés Malongo, un partenaire équitable de l'UCIRI depuis plus de quinze ans.

Javier Eleuterio Cabadilla

Nous sommes une famille nombreuse : douze frères et sœurs. Nous n'envisagions pas la possibilité de poursuivre des études par manque de moyens économiques et parce que nous étions loin des centres d'éducation.

Cherchant à améliorer nos conditions de vie, mon père avait intégré l'UCIRI en tant qu'associé. Lors d'une assemblée, on a annoncé la création d'un centre d'éducation paysanne (El CEC). C'était l'un des premiers projets de l'organisation pour soutenir des jeunes comme nous, pour nous former dans l'optique de rejoindre un jour l'Union. J'étais très excité lorsque j'ai été accueilli dans ce centre, en 1988, pour une formation intensive de trois ans en production biologique. Au début, nous avons dû beaucoup travailler, car nous étions la première génération de l'école. Nous-mêmes, les élèves, nous participions à la construction de l'infrastructure pour pouvoir compter sur un minimum : cuisine, chambres, salons, etc.

À la fin de la formation, j'ai travaillé dans le soutien technique aux communautés sociales de l'UCIRI, mettant en pratique cet enseignement. Et j'ai été finalement invité à devenir membre de l'équipe de travail au sein de l'UCIRI. Travaillant à l'intérieur de l'organisation, j'ai pu mieux connaître les besoins des paysans, et mon travail pouvait contribuer à améliorer leurs conditions de vie.

Voilà maintenant quatorze ans que je collabore avec l'UCIRI, œuvrant dans différents départements, dont le secteur technique, le contrôle d'approvisionnement et transformation et, actuellement, dans le secteur d'exportation. Grâce à ce parcours, j'ai pu tout apprendre sur les différentes étapes, de la production à la commercialisation du café. Cette dernière activité m'a donné l'occasion de voyager et de connaître d'autres pays, de vivre des expériences que je n'avais jamais imaginées. C'est une activité sensible, car elle constitue la colonne vertébrale de l'UCIRI, responsable des revenus, et implique beaucoup de responsabilité, d'endurance et de dévouement.

Javier Eleuterio Cabadilla, responsable des exportations à la coopérative UCIRI.

Malongo

À première vue, le bâtiment ressemble aux autres usines et entrepôts de la zone industrielle de Carros, à quelques kilomètres de Nice, sur la Côte d'Azur. L'arôme du café qui flotte est le premier et incontournable indice qui annonce les découvertes à venir…
Une fois à l'intérieur, une œuvre de Raúl Guzmán Enriquez vous accueille ; quelques mètres plus loin, vous croisez des moulins à café et des objets qui font partie de la collection Malongo. Encore plus loin, vous êtes invité à déguster un café.
La visite guidée commence.

Torréfaction à l'usine Malongo à Carros, sur la Côte d'Azur.

C'est en 1934, dans le sud de la France, au cœur d'une petite brûlerie à Nice, que naît la Compagnie Méditerranéenne des cafés, connue sous la marque Malongo. Depuis sa création, dans un souci constant d'offrir à ses clients un café de haute qualité, Malongo s'assure que les grains de café soient rigoureusement contrôlés dès leur arrivée au port. Dans les entrepôts, de grands sacs de jute et des boîtes en bois arborent des noms mythiques : Kona d'Hawaï, Moka d'Éthiopie ou encore Blue Mountain de Jamaïque… Trois fameux exemples parmi les soixante-dix origines de café en provenance de vingt-neuf pays qu'importe Malongo. Torréfiés selon les méthodes ancestrales, les grains sont ensuite mis en sac en une heure pour en préserver tous les arômes. C'est ainsi que Malongo s'est différencié et a obtenu deux oscars mondiaux de l'emballage pour « Pures Origines » et la « Grande Réserve ».

Sacs de café de l'UCIRI dans l'entrepôt Malongo.

Les boîtes blanches du café « des Petits Producteurs » proposent dans toute la France le café de l'UCIRI.

Sélection de cafés équitables dans une boutique Malongo.

Le Malongo Café, rue Saint-André-des-Arts à Paris.

« *Nos valeurs ? Un développement économique performant, écologiquement durable et socialement équitable* », résume Jean-Pierre Blanc, à la tête de la direction générale de l'entreprise depuis 1980. Et dans cette optique, il n'hésite pas à visiter chaque année les plantations de café au Sud avec lesquelles il crée un partenariat à long terme.

Préférant de loin les plantations biologiques en altitude où les grains de café sont récoltés à la main, il se rend au Mexique en 1992 et rencontre le père Francisco Van der Hoff. Cette croisée déterminante unit Malongo et l'UCIRI dans une lutte pour la justice et la dignité des producteurs de café. En entretenant des rapports étroits et durables, Malongo lance le café « *Des Petits Producteurs* », la boîte blanche reconnaissable en grande surface. Aujourd'hui les ventes totalisent 1 500 tonnes de café par année. Avec douze origines différentes, la progression constante du café équitable représente maintenant 35 % de la valeur des importations annuelles.

Parallèlement, en plus de contribuer à la relance du café de l'île, Malongo soutient Haïti, en participant avec les coopératives locales à un vaste et ambitieux projet de développement et de formation par le biais des technologies satellites et WiMAX internet haut débit.

Aussi en 1999, l'entreprise répond à Kofi Annan, en acceptant de relever le défi du Pacte mondial : « *adhérer aux principes universels des droits de l'homme, aux normes du travail et à l'environnement* ».

Depuis maintenant plus de soixante-dix ans, Malongo est reconnu pour son dynamisme et son innovation. Aujourd'hui, la compagnie compte 350 employés, un chiffre d'affaires avoisinant les 75 millions d'euros et torréfie 550 tonnes de café chaque mois !

En 2003, la société a signé un important contrat avec le groupe Accor pour offrir du café équitable dans l'ensemble de leurs hôtels. Même le mythique Hôtel de Paris à Monaco offre le café équitable Malongo à ses illustres visiteurs ! Une volonté marquée de la compagnie : non seulement offrir des produits de qualité mais contribuer également à une meilleure connaissance des principes du commerce équitable et à son développement, que ce soit en France ou au Mexique.

Serveur dans le restaurant chic de l'Hôtel de Paris, où l'on sert du café équitable.

El Padre Frans
« le père Frans »

La petite maison en terre du ranch de Buena Vista, où vit Francisco Van der Hoff, est aménagée très simplement. Située au creux des montagnes de l'Isthme, elle est spectatrice des splendeurs naturelles de la forêt diversifiée. Les grillages d'anciens ventilateurs, suspendus dans les airs par des bouts de corde, soutiennent des boîtes de conserve et des sacs de pâtes alimentaires. Une bibliothèque impressionnante remplie de milliers de livres d'économie, de café, de théologie et de philosophie rappelle que Francisco est curieux et a beaucoup d'esprit. Assis à son bureau sur une chaise en bois, celui qu'on appelle communément « Padre Frans » dans la sierra regarde les cotes du café sur le site Web de la Bourse de New York. Paradoxalement, l'accès à Internet est ici disponible, même si la ligne téléphonique ne passe toujours pas. La fumée qui se dégage de sa tasse de café noir rappelle à Frans qu'il est justement temps d'aller cueillir… En quelques pas et une montée d'échelle en bois, il rejoint les premiers caféiers de sa plantation. Francisco attache le petit panier de paille à sa taille et commence la cueillette du fruit rouge.

Padre Frans dans son jardin de Buena Vista, une toute petite communauté au creux des montagnes de la sierra Juarez.

Docteur en théologie et en économie politique, détenteur d'un doctorat *honoris causa* de l'université de Louvain, le père Francisco Van der Hoff est l'une des figures de proue du commerce équitable dans le monde. Conseiller auprès de la coopérative UCIRI au Mexique depuis près de trente ans, il est, avec Nico Roozen, l'un des fondateurs de Max Havelaar en Hollande, le premier organisme de certification équitable qui a permis l'explosion du modèle dans le monde. Des organismes équivalents sont aujourd'hui présents dans vingt pays consommateurs et collaborent avec plus d'un million de paysans dans cinquante-sept pays. Souvent considéré comme « le père du commerce équitable », Francisco est fait chevalier de la Légion d'honneur par le président Jacques Chirac en 2005. En octobre de la même année, Armand De Decker, alors ministre belge de la Coopération au développement, lui remet, lors de la semaine du commerce équitable, les insignes de l'Ordre de la Couronne ; et il est également reçu en audience par le roi. En 2006, il est salué par le Conseil de l'Europe pour « son engagement exceptionnel en matière de solidarité Nord-Sud ». Interrogé sur le sujet, Francisco Van der Hoff ne prétend jamais être le fondateur du commerce équitable, mais se définit plutôt comme l'un de ceux qui ont cherché à le sortir de ses circuits de distribution précis et à le porter au cœur de l'économie mondiale actuelle.

Malgré tous ces honneurs, Francisco est en fait resté simple et accessible. Il aurait pu consacrer sa vie à l'Église et y vivre plus aisément, mais en a décidé autrement. Bien qu'il soit l'un des grands penseurs de ce monde, ce prêtre-ouvrier s'obstine à partager les mêmes conditions de vie, près de ceux qui lui ont tout appris : « Je gagne un dollar par jour par doctorat ! » dit-il ironiquement.

Prêtre-ouvrier, Francisco célèbre régulièrement l'office pour des baptêmes ou autres occasions selon les besoins de la communauté.

Francisco dans sa modeste maison sans téléphone mais avec un accès Internet !

Son attachement profond pour les paysans, pour la terre et le travail agricole, lui vient sûrement des racines de son enfance passée dans une ferme hollandaise. Né en 1939, sixième enfant d'une famille de quinze, Frans a le privilège de poursuivre ses études et de partir travailler à l'étranger. Ses rencontres et discussions philosophiques avec Paolo Freire, grand socialiste brésilien, l'ont certainement guidé et stimulé dans sa recherche de justice et dans son besoin de combattre les inégalités. C'est après qu'il eut été chassé du Chili, à la suite du coup d'État orchestré par Augusto Pinochet, que ce prêtre-ouvrier hollandais décide de s'exiler au Mexique et de contribuer aux développements sociaux de la région de l'Isthme, dans l'État d'Oaxaca. Depuis maintenant deux ans, celui qui a aidé et permis à l'UCIRI de se développer, a décidé de se retirer partiellement des décisions administratives pour laisser la place aux jeunes, comme Javier, son fidèle bras droit aujourd'hui responsable de la commercialisation. C'est actuellement à titre de simple « membre fondateur » que Frans participe à la vie active de la coopérative. Il demeure cependant présent en donnant son avis de temps à autre. Outre ses occupations de cultivateur, cet acteur de terrain travaille, pendant son temps libre, à l'écriture de livres qui permettent de mieux comprendre les réalités paysannes et le commerce équitable, à travers cette vision économique basée sur l'humain. Frans se fonde sur son expérience de terrain pour décrire les grands principes du commerce équitable : « Le commerce équitable développe une économie efficace, mais aussi durable du point de vue social et écologique. Ces aspects sont pris en compte et intégrés dans les coûts, car des mesures de précaution sont devenues indispensables si l'on veut que l'humanité et les milieux naturels survivent et, partant, l'économie. Ce renversement de tendance doit devenir un objectif mondial et ne peut souffrir aucun délai : soit l'économie est durable, soit elle n'est plus viable à moyen terme*. »

* Van der Hoff, Francisco, *Nous ferons un monde équitable*, trad. Sandrine Lamotte, Paris, Flammarion, 2005.

Très critique à l'égard de la charité, Francisco Van der Hoff considère le symbole de la main tendue comme l'expression d'une société qui ne fonctionne pas : « C'est un des actes les plus stupides qui puisse être fait, de la part du receveur comme du donateur. Je possède, tu ne possèdes pas et, par cet échange, je t'entretiens dans ta position de mendiant. C'est accepter la situation et favoriser l'immobilisme*. » Avec le commerce équitable, Frans souhaite améliorer la tendance de marché et croit fortement à la responsabilisation et au pouvoir du consommateur. Effectivement, le mouvement a été fondé sur la possibilité pour l'acheteur de faire un choix qui permettra à des producteurs de vivre dans de meilleures conditions tout en bénéficiant d'un produit d'une meilleure qualité. Un développement durable donc, basé sur un rapport plus juste et égalitaire.

Les ânes braient, le vent souffle toujours et secoue vivement les arbres. Le panier de Frans déborde maintenant de baies rouges qu'il transfère dans une chaudière en plastique. Au loin, l'oreille distingue les activités du petit village. Trois voisins, membres de l'UCIRI, tentent de réparer l'un des poteaux qui dessert l'électricité locale. Enthousiastes, ils saluent Frans de la main. Ce dernier, sans attendre, va les rejoindre, commente la situation en échangeant quelques blagues. Les yeux brillants et fiers de ces hommes témoignent de la dignité qu'ils ont su conserver. C'est au travers de leur regard, de leur sourire et de celui des autres membres de la coopérative que nous comprenons aussi que *el padre* Frans est un des leurs et qu'il est largement considéré dans la région. Francisco a cru en eux, à leur projet ambitieux, et a ainsi su redonner espoir à des milliers de familles autochtones vivant de la caféiculture.

* *Source : http://www.journaldunet.com/management/0506/050688_maxhavelaar.shtml*

Francisco Van der Hoff,
janvier 2007.

Tour du monde équitable

Les bonnes raisons de la justice

Si, dans un premier temps, le café a été la denrée immédiatement associée au commerce équitable, bientôt de nouveaux produits vinrent s'ajouter à la liste : thé, cacao, sucre, riz, miel, bananes, jus d'orange, fruits séchés, vin, coton, ballons de football, fleurs, vêtements…

Dans son rapport diffusé en octobre 2006, Fairtrade Labelling Organizations International estime que le chiffre d'affaires global du commerce équitable est passé de 220 millions d'euros en 2000, à 1,6 milliard d'euros pour l'année 2006. En France, une enquête Ipsos montrait alors que 74 % des consommateurs français connaissaient le concept de « commerce équitable », contre seulement 9 % cinq ans auparavant. Les études de marché révèlent une poussée fulgurante de l'adhésion du grand public, ce qui n'est pas passé inaperçu aux yeux de grands acteurs économiques de la production et de la distribution d'aliments. L'engouement pour le commerce équitable pose de nouveaux défis à ses acteurs. Il s'agit de rester fidèle à l'esprit originel de cette grande aventure tout en profitant de la diversité d'expériences qu'un mouvement si foisonnant a pu susciter.

L'évolution des chiffres ne doit pas donner lieu à de grandes illusions. Le commerce équitable demeure marginal comparé à l'ensemble des échanges internationaux fortement marqué par des rapports injustes, où se multiplient et s'actualisent d'anciennes formes de domination historique. L'idée même de la généralisation d'un commerce équitable ne peut que supposer le dépassement et l'élimination de ces mêmes formes de domination. L'option de consommer et d'agir en faveur d'échanges plus justes découle d'un rejet d'une consommation irresponsable et finalement nuisible à tous. Laure Waridel, pionnière du commerce équitable au Québec, valorise le rôle et le pouvoir du consommateur, car pour elle « acheter, c'est voter »…

Les parents de Sirome sont membres de Sofa, au Sri Lanka, l'une des seules associations de petits producteurs de thé équitable.

Le Cacao

Pas même les rivières du plus pur miel qui irriguent les vallées de nos plus généreux mythes de l'abondance ne pourraient faire oublier le goût amer du commerce mondial du cacao. Du sang versé par une princesse toltèque naquit le cacaoyer, petit arbre aux fruits imprégnés de cette souffrance originelle. Envoûté par le goût et les effets du chocolat, l'envahisseur conquérant s'appropriera le fruit jusqu'à en faire un élément essentiel de son confort. Refaçonnant le monde, le nouveau maître introduit le cacao, ainsi que d'autres fruits, dans le continent africain, après l'avoir sauvagement soumis en déplaçant des millions de personnes pour les faire travailler dans les terres récemment conquises.

Aujourd'hui, 40 % de la production mondiale de cacao vient de Côte d'Ivoire. Avec le Ghana et le Nigeria, l'Afrique de l'Ouest produit plus de 70 % de cette denrée dont les cours ont été si souvent revus à la baisse. Mais des études menées par l'Institut international d'agriculture tropicale ont révélé l'emploi massif de main-d'œuvre infantile dans les champs de cacao de la région. Exposés à des tâches pénibles – dont la manipulation de produits chimiques –, ces enfants exploités par des producteurs sous-payés sont des victimes caricaturales de l'échange inégal. L'amer cacao produit par des mains que l'on blesse est transformé dans les pays importateurs, où le commerce du doux chocolat se chiffre par plusieurs dizaines de milliards d'euros, dont la plupart finiront dans les comptes des quelques géants de l'agroalimentaire. Il est tristement ironique que l'industrie chocolatière qui brime autant les droits des enfants travailleurs soit destinée en grande partie aux enfants du Nord. Et au moment où les changements climatiques se profilent à l'horizon comme une menace bien réelle, il est aussi pénible de constater que les actuels gains de productivité dans la culture du cacao se font au détriment des forêts.

Une cabosse de cacao biologique sur la petite plantation de Fauto Aureo, membre de la Conacado en République dominicaine.

Mais sur l'île Hispaniola, celles et ceux qui agissent d'ores et déjà pour un monde plus juste écrivent une autre histoire pour le cacao… En 1998, l'ouragan George n'a pas été délicat lorsqu'il est passé en République dominicaine. Il a ravagé la quasi-totalité des cultures cacaoyères, et il a fallu replanter ce qui était encore récupérable. Organisés au sein de la Conacado (Confederación nacional de cacaocultores dominicanos), quelque dix mille producteurs de cacao ont pu s'en sortir grâce à leur union et aux bons choix qu'elle leur a inspirés. Misant sur une production biologique certifiée (dont une bonne partie est vendue dans les réseaux de commerce équitable), ces paysans ont récupéré et même amélioré leur infrastructure. Avec une agriculture biodynamique, la Conacado est à présent le plus grand exportateur de cacao biologique au monde. Le renouvellement des cultures et le reboisement sont complémentaires pour ces paysans, qui produisent des fruits et des légumes à côté de leur cacao afin de garantir une certaine diversité. Grâce aux revenus du commerce équitable, les paysans de la Conacado ont pu faire un important saut qualitatif, celui de la maîtrise du processus de fermentation de leur fève de cacao, ce qui leur permet d'augmenter la valeur ajoutée de leur production.

Outre les investissements proprement sociaux – comme l'aide aux écoles et aux étudiants – la Conacado favorise la diversification économique, soutenant des groupes de femmes pour le développement de micro-entreprises, dont celle destinée à la production du vin de cacao. Comme l'ancienne boisson sacrée des ancêtres, nourriture des dieux créée par les mortels, ce vin de cacao équitable sert à célébrer un nouveau pacte de justice entre les hommes et la terre.

Séchage des fèves de cacao chez Francisco Antonio Morales Roja, membre de la Conacado en République dominicaine.

Quelques chiffres

21 organisations certifiées

10 952 tonnes métriques (ou tm) exportées en 2006

*Principaux pays importateurs :
États-Unis (3 864 tm),
Royaume-Uni (2 947 tm),
France (1 088 tm)*

*Prix minimum équitable :
1 600 $ la tonne métrique*

Prime biologique : 200 $

Prime équitable : 150 $

Source : www.fairtrade.net

Le Riz

Avec lui commença la culture de la terre. Plante du début des temps, don de la nouvelle alliance de l'homme dorénavant sédentaire avec la terre où il développera ses racines, le riz, céréale proche des graminées les plus primitives, est toujours l'aliment de base de plus de trois milliards d'humains. Symbole d'abondance et d'immortalité, le riz se multipliera à travers les continents. Lorsque les Veda, recueils sacrés d'hymnes et cantiques hindouistes, nous parlent de 500 000 variétés de riz, il faut accueillir le chiffre plutôt comme l'expression d'une extraordinaire diversité. En effet, on estime qu'il y a plus de 130 000 sortes de riz, cultivées ou à l'état sauvage. Ces variétés favorisent la souveraineté alimentaire des peuples qui les cultivent. La vente de différentes sortes de riz dans les magasins de commerce équitable est bien plus que la promotion d'un exotisme culinaire. Elle contribue à lutter contre une standardisation de la production par la sélection des espèces les plus rentables, une tendance logique des marchés renforcée par le dangereux brevetage des espèces et par l'introduction des organismes génétiquement modifiés.

L'Asie demeure de loin le plus grand producteur et le plus grand consommateur de riz. Plus de 90 % de la première céréale provient de l'Asie orientale et méridionale. À elles seules, l'Inde et la Chine en assurent plus de la moitié de la production, production réservée à leur marché intérieur. La Thaïlande ne répond que pour moins de 5 % de la production mondiale de riz, et la majorité de cette production est destinée à la consommation nationale. Il y a une réelle et complète autosuffisance alimentaire des producteurs de riz de Thaïlande. Ce pays est néanmoins le plus grand exportateur de riz au monde.

Préparation des semences de riz biologique, dans la région de Surin en Thaïlande.

Dans ce royaume, où l'on dit que « la souffrance du riziculteur est la souffrance du pays », le riz est plus qu'une base de l'économie nationale, avec la moitié des terres agricoles consacrées à sa culture. En Thaïlande, « bonjour » se dit *gin kow*, ce qui veut dire littéralement « as-tu mangé du riz ? ». Le riz est divinisé par nombre de rituels qui font partie de la vie quotidienne, culture vénérée à chaque étape, de la préparation des sols aux rites de remerciements pour les bonnes récoltes.

La coopérative GreenNet est le premier distributeur d'aliments biologiques en Thaïlande. Elle regroupe plus de mille familles paysannes dans quinze coopératives régionales qui récoltent principalement du riz, mais également des fruits et légumes biologiques vendus sur les marchés nationaux et internationaux. C'est une organisation bien intégrée aux réseaux associatifs du pays qui proposent des changements dans la politique agricole. Ainsi dans la région de Surin, où la plupart des terres sont destinées à la riziculture, le commerce équitable et l'agriculture biologique ont permis à nombre de paysans de sortir de la spirale de l'endettement.

La certification biologique du riz en Thaïlande exige donc que les producteurs détiennent au moins dix variétés de produits alimentaires, fruits, légumes, herbes ou autres grains en plus du riz. Plusieurs producteurs dépassent amplement ce nombre et comptent plus de vingt-cinq variétés de produits alimentaires sur à peine quelques hectares de terre. Différents projets ont été lancés pour stimuler ces productions vivrières en plus de l'élevage bovin et de volaille. Agriculture durable et autosuffisance sont donc porteuses de dynamisme pour l'ensemble de l'agriculture thaïlandaise.

En Thaïlande, le riz compte pour 40 % de l'apport énergétique, une denrée incontournable
pour ces moines bouddhistes de la région de Kudchum comme pour près de la moitié de la population planétaire.

Quelques chiffres

15 organisations certifiées

2 985 tonnes métriques exportées en 2006

Principaux pays importateurs : France (778 tm), Royaume-Uni (385 tm)

Prix minimum équitable : en Thaïlande 11 000 THB/tm de paddy

Prime biologique : 1 000 THB

Prime équitable : 750 THB

Le Sucre

L'arc de Kâma, divinité hindoue de l'amour charnel, est une tige de canne à sucre. Séduire est sa mission, car Kâma est un être doué d'une irrésistible beauté et d'une infinie douceur.

Sarakara en sanscrit, *sukkar* en arabe, *şeker* en turc, *saccharum* en latin, *zucchero* en italien, *sucker* en allemand, *sugar* en anglais, le sucre est dans toutes les langues, toutes les bouches. Mais l'histoire de cette omniprésente denrée n'a pas grand-chose à voir avec l'équité et la justice. On ne rappellera jamais assez les liens siamois entre le sucre et la traite négrière. Des millions d'hommes et de femmes furent sacrifiés dans la production de cette nouvelle poudre.

Pourra-t-on préciser un jour l'ensemble des dégâts écologiques provoqués par l'introduction des cultures sucrières chez les peuples soumis par le mercantilisme planétaire ? Comprendre l'histoire du sucre et ses effets ravageurs sur les civilisations peut nous amener à nous poser bien d'autres questions dérangeantes. Pourquoi les sociétés acceptent-elles de payer si passivement les coûts astronomiques en termes de santé publique, engendrés par la consommation abusive de ce produit ? Comment se fait-il que, même aujourd'hui, le monde tolère que l'économie du sucre reproduise des relations de travail qui ressemblent à s'y méprendre aux vieux rapports esclavagistes des siècles passés ?

Anthony Rudriguey transporte les cannes à sucre qui seront raffinées à l'usine de CoopeAgri qui compte près de 10 000 membres au Costa Rica.

Quoi qu'il en fût, le sucre est venu pour rester, étant désormais un produit incontournable pour l'ensemble de l'économie. Bâtir des relations de justice autour d'une telle production est un défi majeur pour des producteurs et des consommateurs unis par les liens du commerce équitable. Dès les années 1960, à San Isidro del General (sud du Costa Rica), les paysans membres de la coopérative CoopeAgri, producteurs de sucre et de café, ont fait le pari de la dignité. Les dizaines d'ouvriers de la raffinerie de sucre ont par conséquent des conditions de travail correctes. À l'origine ils étaient 391 producteurs ; aujourd'hui ils avoisinent les 10 000. Véritable force économique dans la région, la coopérative possède une banque, des supermarchés, une station-service, une clinique avec un médecin à temps plein dont les consultations sont gratuites pour les membres, et une usine de compostage moderne pour la transformation de la pulpe de café et des résidus de canne en engrais biologique. Soucieuse de l'environnement, CoopeAgri développe des projets de reforestation qui impliquent l'ensemble de la population.

Le commerce équitable permet à CoopeAgri de toucher une prime pour améliorer son travail de communication. Les publications et les émissions radiophoniques produites par la coopérative sont des espaces de créativité et d'exercice de la liberté. Une liberté toujours scandaleusement refusée à la majorité des travailleurs du sucre.

Canne à sucre équitable de CoopeAgri. L'organisation, qui possède sa propre banque et ses supermarchés, est un réel moteur économique dans la région de San Isidro del General au Costa Rica.

Quelques chiffres

16 organisations certifiées

*7 161 tonnes métriques
exportées en 2006*

*Principaux pays importateurs :
Royaume-Uni (2 172 tm),
États-Unis (1 625 tm),
France (967 tm)*

*Prix minimum équitable :
520 $/tm de sucre blanc*

Prime biologique : 120 $/tm

Le Thé

D'aucuns disent que des feuilles sont tombées dans l'eau bouillante d'un empereur quasi divin. D'autres encore affirment que les feuilles ont trouvé repos dans le bol de Gautama Bouddha pendant sa méditation. En tout cas, un sacré coup de vent balaya les feuilles du théier à travers la Chine et alentour, quand l'empire britannique en répandit des jardins à travers ses colonies. Peu de temps s'est écoulé entre les premières feuilles de thé plantées en 1840 dans le jardin du docteur Campbell, à Beechwood (Darjeeling, en Inde), et la fin du monopole de la production chinoise. Des *plantations* de thé pullulèrent dans le paysage indien pour répondre à une demande mondiale croissante. À Assam, des jungles cédèrent la place à ces nouvelles productions. Le thé s'installa dans l'économie mondiale et dans les cultures. L'Inde millénaire l'intégra comme on accueille un nouveau dieu dans le panthéon hindou. Le thé y est devenu une icône culturelle, une boisson nationale façonnant divers aspects de la vie. Et la conversion au célèbre breuvage ignora toutes les frontières : après l'eau, le thé est la boisson la plus bue au monde.

À l'instar de bien d'autres matières premières de notre vieux marché mondialisé, la production du thé a souvent été attachée à la surexploitation des travailleurs, y compris des femmes et des enfants. Sur le plan environnemental, l'usage abusif de pesticides a été également vérifié dans bien des productions théières, contaminant sols, travailleurs, plants et consommateurs. Les principaux bénéficiaires de la production du thé restent les grandes compagnies des pays importateurs qui contrôlent les étapes les plus rentables du circuit : le mélange, l'emballage et la distribution.

Tes Rai s'assure de l'uniformité du flétrissage des feuilles de thé biologique du jardin Makaibari, au Darjeeling, en Inde.

Compte tenu de ses spécificités, le développement d'une filière de thé équitable constitue un challenge majeur pour celles et ceux qui s'y investissent. Le thé sonna le début de la certification de grandes plantations privées avec des travailleurs (contrairement aux associations démocratiques de petits producteurs qui étaient jusqu'alors l'emblème du commerce équitable), une décision qui fait encore débat. Le jardin de Makaibari, dans le mythique Darjeeling, est certes une plantation dont le propriétaire est héritier d'une tradition familiale dans le secteur, mais sa production est entièrement biodynamique et les conditions de travail y sont bien supérieures à la moyenne. La promotion des femmes aux fonctions dirigeantes dans ce jardin obéit à l'objectif plus général de favoriser une meilleure participation de l'ensemble des travailleurs dans la gestion et les bénéfices de l'exploitation.

Dans la région de Kalimpong, le jardin de thé Samabeong compte sur l'appui du réseau du commerce équitable depuis plusieurs années. Aujourd'hui, toute la production du jardin de thé biologique (40 à 50 tonnes) est importée par Gepa en Allemagne. Un euro par kilogramme de thé est consacré à des projets de développement, ce qui a permis entre autres à Samabeong de construire une école secondaire qui reçoit 300 élèves, dont les enfants de la plantation et ceux des villages avoisinants. Fait remarquable, Samabeong ne compte que 150 hectares de thé dans une superficie totale de 700 hectares, ce qui lui confère une grande diversité écologique. Car la fermeture du jardin, il y a plus de vingt ans, a obligé les travailleurs à développer leurs propres activités agricoles avec des épices, telles la cardamome, le gingembre, et aussi du lait frais. Il en résulte une diversité économique et une autonomie des travailleurs qui contrastent avec le modèle paternaliste et dépendant de la grande majorité des jardins de thé.

Toujours en Inde, dans les hauts sommets du Kerala, l'Association de petits planteurs biologiques de Peermede peut s'enorgueillir « de pouvoir offrir le premier thé biologique de petits producteurs indiens ». L'accès au marché équitable du thé sera l'aboutissement d'un effort collectif qui aura exigé plus de 600 formations en plus d'une mobilisation constante des comités de base. La transformation de cette production biologique et équitable de thé sera faite sur place, permettant à la communauté de profiter de la valeur ajoutée à chaque étape.

Favorisant l'organisation des petits producteurs, la promotion des femmes, l'éducation des enfants, l'agriculture biologique et le bien-être des communautés, le commerce équitable du thé propose une autre saveur à l'Histoire.

Le jardin de thé biologique et équitable Dunsandle dans les Nilgiri, au sud de l'Inde.

Quelques chiffres

79 organisations certifiées

*3 887 tonnes métriques
exportées en 2006*

*Principaux pays importateurs :
Royaume-Uni (2 839 tm),
États-Unis (286 tm),
France (279 tm)*

*Prix minimum équitable :
de 1,20 à 2,00 $/kg*

Prime équitable : 1,10 $/kg

La Banane

Dans *El papa verde*, l'un des romans de « *la trilogía de la república de la banana* », le Guatémaltèque Miguel Ángel Asturias, prix Nobel de littérature, nous décrit un monde impitoyable, où des paysans sont dépouillés par un monopole qui ne recule devant rien ni personne pour s'installer en maître absolu. Ce pouvoir économique aura son visage politique et son lot de coups de force et de massacres. Dans l'histoire des grands monopoles fruitiers, les saveurs et les décors peuvent évoluer selon les époques, les compagnies peuvent changer de nom au gré des fusions et des stratégies publicitaires, mais c'est toujours la même injustice qui frappe les paysans et les travailleurs. Des romans de Miguel Ángel Asturias, retournons directement à notre présent bien concret, une marque internationale du commerce de la banane se paie des paramilitaires pour poursuivre des syndicalistes ! Qu'à cela ne tienne, elle sera condamnée par le gouvernement de son pays à payer de « lourdes » amendes. Pour 25 millions de dollars, la justice d'un grand État renonce même à enquêter sur des crimes de lèse-humanité commis par une multinationale. Pour ces décideurs-là, les milliards du commerce mondial de la banane valent bien plus que des vies humaines.

Décidément, la douce, nourrissante et joyeuse banane, photo parfaite sur la tête de Carmen Miranda depuis la scène des années 1940 et pour toujours, méritait d'être associée à une histoire heureuse dans la vie de celles et ceux qui la cultivent. Heureux choix que celui de la banane pour illustrer l'injuste répartition internationale du produit du travail des hommes et des femmes. Dans les années 1980, un graphique en forme de banane est apparu dans les milieux qui œuvraient pour plus d'équité dans les relations Nord-Sud. Un pourcentage minimum de la banane représentait la part revenant à ses producteurs.

Doni Varga récolte les bananes biologiques à la coopérative Finca 6 en République dominicaine.

Les plus grands espaces représentaient les pourcentages engrangés par les monopoles bananiers. Cette banane éducative fut l'un des premiers outils du prosélytisme des militants du commerce équitable.

La vraie banane biologique et équitable n'a pas tardé à se faire une place privilégiée dans ce marché solidaire. Depuis son lancement en 1997, la banane équitable ne cesse d'augmenter son volume de ventes. Elle est de loin le premier produit de ce secteur économique.

En République dominicaine, la coopérative Finca 6 produit des bananes biologiques pour le marché équitable. Après un long combat pour le droit à la terre, les familles de producteurs ruraux associées à Finca 6 ont trouvé dans le commerce équitable une réelle possibilité d'épanouissement. Grâce aux revenus qu'ils tirent de cet échange, ces paysans ont pu réparer leurs routes, construire des puits d'eau potable, électrifier 6 kilomètres dans la coopérative, construire un centre de santé et une école. Outre les bénéfices immédiats provenant d'une rémunération supérieure à celle normalement pratiquée par le marché, ces paysans peuvent désormais investir dans l'amélioration de leurs conditions de travail.

Pour les producteurs des Windward Islands, durement frappés par la perte de leur marché préférentiel avec le Royaume-Uni, le marché solidaire a représenté une véritable alternative. Au début de cette crise, même si le commerce équitable n'était qu'une solution palliative pour un petit nombre de producteurs, la croissance de ce marché permet à présent d'envisager le sauvetage de tout le secteur.

Roberto Andujar Vargas s'assure que chaque semaine des conteneurs bien remplis de bananes biologiques et équitables Finca 6 quittent la République dominicaine vers l'Europe et l'Amérique du Nord.

Quelques chiffres

28 organisations certifiées

135 763 tonnes métriques exportées en 2006

Principaux pays importateurs : Royaume-Uni (60 276 tm), Suisse (27 981 tm), France (6ᵉ rang, 4 547 tm)

Prix minimum équitable : 6,75 à 9 $/boîte de 18,14 kg

Prime biologique : 1,50 à 2 $

Prime équitable : 1 $

Le Coton

Il y a fort à parier qu'avant le besoin d'une encombrante feuille de vigne comme un constitutif de la spécificité humaine, Adam et Ève n'avaient jamais remarqué l'éclat et l'élégance des belles robes du bon Dieu à chaque apparition. Quelques instants avant l'expulsion du Paradis, l'un d'eux remarqua que le vestiaire divin n'était que pur coton. Et quel coton ! Ils ont vite fait d'en cultiver hors Éden pour remplacer ces feuilles de vignes pas vraiment durables mais surtout introuvables en hiver !

Humour à part, le coton est sans doute l'une des premières conquêtes de l'agriculture. Des archéologues croient avoir trouvé des vestiges de l'usage du coton presque 6 000 ans avant notre ère. Bien des textes fondateurs de différentes civilisations font référence à cette fibre textile naturelle, mais c'est depuis l'Inde que le coton se fera connaître.

Besoin que nous impose notre essentielle fragilité, s'habiller est un droit inaliénable de l'être humain. Être en haillons, c'est avoir son intégrité lacérée, c'est être privé d'un vital rite quotidien à travers lequel nous nous rendons plus supportables à nous-mêmes et aux autres. Et pourtant, là aussi, derrière les gestes habituels de nos habillements gît toute une histoire où les injustices s'enchaînent aux malheurs. Ainsi, l'implication des militants du commerce équitable avec le coton n'était qu'une suite logique du développement de ce mouvement.

Le coton, l'un des premiers produits non alimentaires à avoir été certifié équitable en 2005, a ceci de particulier que toute la filière de transformations a été analysée, des champs au filage, du tissage à la fabrication.

Récolte de coton équitable au village de Batimaka, dans la région de Kita au Mali.

Si, au départ, 6 100 producteurs étaient impliqués pour une récolte annuelle de 700 tonnes, déjà en 2006, 28 000 producteurs contribuaient à hauteur de 7 000 tonnes. Grâce à un travail permanent de sensibilisation, 23 marques européennes ont ainsi choisi d'offrir des vêtements de coton équitable à leurs clients.

Au Mali, dans la région isolée de Kita, le commerce équitable de coton favorise la sécurité alimentaire d'une communauté. Là, la culture du coton se fait sans irrigation et sans OGM. Une question de respect à l'environnement. Près de 1 200 petits producteurs se sont associés en 16 coopératives locales regroupées en une fédération. Unis et organisés, ces producteurs ont pu, grâce aux primes sociales du commerce équitable, construire des magasins de stockage de céréales, une école primaire, une école secondaire et un centre de santé.

Réunis dans le Mouvement biologique malien (Mobiom), 2 000 producteurs récoltent annuellement 410 tonnes de coton biologique. 40 % des membres sont des femmes qui ont choisi de cultiver sans pesticide ni fertilisant chimique, pour des raisons de santé pour elles et pour leurs enfants qui les accompagnent dans les plantations. Une nouvelle fois, la culture biologique réduit de manière importante l'endettement des cultivateurs et, avec les primes, les membres de la coopérative ont choisi de fournir des actes de naissance aux enfants pour les aider à sortir de la marginalité.

En Afrique, dont la quasi-totalité de la production de coton équitable est destinée au marché européen, des paysans obtiennent des prix jusqu'à 70 % supérieurs à ceux du marché conventionnel. Le secteur du coton équitable aide à lutter contre le travail infantile et à bannir l'emploi de dangereux intrants chimiques souvent interdits dans les pays industrialisés.

Au Québec, FibrEthik propose les premiers tee-shirts bio-équitables fabriqués en coton biologique provenant de la coopérative APFCG-Agrocel, dans l'État du Gujarat, au nord-ouest de l'Inde. Ces vêtements sont confectionnés par Assisi Garments, une entreprise d'insertion sociale qui vient en aide aux femmes de la région de Tiripur, dans le Tamil Nadu (sud-est de l'Inde). En France, Rica Lewis propose les premiers jeans certifiés équitables fabriqués avec du coton camerounais et maintenant commercialisés en grande distribution.

Région de Kita au Mali.

Quelques chiffres

14 organisations certifiées

7 000 tonnes métriques exportées en 2006

Principaux pays importateurs : Royaume-Uni (4 500 tm), France (1 500 tm)

Prix minimum équitable : 0,36 euro/kg

Prime biologique : 0,05 euro/kg

Prime équitable : 0,05 euro/kg

Conclusion

Au cours des dix dernières années, j'ai séjourné dans plusieurs pays pour y documenter sept produits équitables. En République dominicaine, la Conacado améliore la qualité de son cacao et trouve dans le marché biologique une clientèle consciencieuse, prête à payer des prix à la hauteur des produits qu'elle importe. Pour les producteurs de riz thaïlandais, l'exigence de dix variétés agricoles pour obtenir la certification biologique est une promotion de leur autonomie alimentaire et de leur indépendance économique. Chez Finca 6, un groupe de « sans-terre » a trouvé une activité économique lui assurant un avenir prometteur. Chacune de ces organisations propose des solutions et prend des initiatives pour que la vie des paysans soit pleinement digne.

Le commerce équitable n'est pas une solution à tous les problèmes vécus au Sud. Aussi, les défis du mouvement sont palpables à plusieurs niveaux. Certes, dans plusieurs pays occidentaux, les chiffres de vente et les parts de marché sont en forte croissance. Mais la multiplication des produits et la présence grandissante de grandes multinationales dans le marché génèrent de nombreux débats. Lorsque l'on débute son épopée équitable auprès de la démocratie active de l'UCIRI, la visite de grandes plantations privées de thé certifié équitable est fort déroutante. Il est à espérer qu'à l'ombre de l'Himalaya les jardins de Darjeeling, qui ont initié une révolution biologique dans l'industrie du thé indien, apporteront une nouvelle révolution dans la participation des travailleurs au processus décisionnel et, qui sait, dans la propriété même de ces jardins.

Aussi les succès de la certification semblent parfois avoir éloigné le commerce équitable de sa base. L'intégration, depuis 2007, de représentants d'associations de producteurs d'Amérique latine, d'Afrique et d'Asie au sein du conseil d'administration de FLO est un rééquilibre nécessaire pour redonner leur juste place aux paysans qui doivent être au cœur du système.

Le commerce équitable est un mouvement dans lequel producteurs, consommateurs et acteurs de la chaîne commerciale apprennent la solidarité. Chacun doit prendre sa juste part pour que le système se développe et mette au défi les règles du marché conventionnel. En 1996, nous avions publié un petit « guide » des commerces qui vendaient du café équitable au Québec, ce guide tenait sur une simple carte d'affaire avec seulement quatre adresses ! Aujourd'hui, la Belle Province compte plusieurs milliers de points de vente et l'offre ne cesse d'augmenter. En France, la tradition mise en place par Artisans du Monde se poursuit aujourd'hui avec l'implication de grandes marques et chaînes de distribution qui offrent de nombreux produits alimentaires, jusqu'aux jeans équitables tous labellisés Max Havelaar.

La clé de ce succès est entre les mains des consommateurs. En achetant des produits équitables, vous valorisez directement le travail des petits producteurs. Dans ce monde de consommation impersonnelle, le commerce équitable remet l'être humain au cœur des gestes de tous les jours.

Éric St-Pierre (à gauche) et Mélissa Beaudet (au centre) avec la famille de Felix et Adela à Guadalupe, au Mexique.

Remerciements

J'aimerais d'abord remercier tous les hommes, femmes et enfants rencontrés lors de mes séjours et avec lesquels j'ai pu partager une journée de travail, un brin de conversation, un repas ou un toit. Je suis grandement redevable à ces gens pour leur hospitalité, et également pour toutes les connaissances et expériences qu'ils ont généreusement partagées. Merci tout particulièrement à celles et ceux qui m'ont donné le privilège de saisir quelques moments de leur vie à l'aide de mon appareil.

Au Mexique, merci aux membres de l'UCIRI et plus particulièrement aux familles des villages de Guadalupe et San Pedro Acatlán. Merci à Francisco pour sa grande sagesse qu'il sait si bien exprimer.
En Inde, merci aux directeurs et travailleurs des jardins de thé Makaibari, Ambootia, Samabeong, Dunsandle et Korakundha. Merci aux petits producteurs de la Peermede Development Society, et au Sri Lanka aux membres de Sofa. En Thaïlande, merci à GreenNet et aux petits producteurs de riz biologique de Surin, Kutchum et Thap Tai. En République dominicaine, merci aux membres de la Conacado et leur riche cacao et ceux de Finca 6 et leur bananeraie à perte de vue. Au Costa Rica, merci aux producteurs de sucre de CoopeAgri et Copecanera.

Au Québec, merci à Laure Waridel, avec qui cette quête a débuté, et pour la leader exceptionnelle qu'elle est devenue pour le mouvement équitable. Un vif remerciement à Oxfam-Québec et ses partenaires qui, au fil des années, ont su m'accorder leur confiance et ont contribué à la réalisation de nombreux séjours.
Pour la réalisation de ce livre, je remercie Mélissa Beaudet et Emerson da Silva pour leur texte respectif et leur amitié. Merci à Benoit Palmieri, Lucie Bouliane, Frédérick Tremblay, Annie Leblanc, Joëlle Vaillant, Johanne St-Michel et Kristine Choinière qui ont relu et commenté les textes. Merci à Nathalie Mayevski, Corinne Schmidt et toute leur équipe qui ont transformé ce projet en un réel ouvrage. Un merci tout particulier à Jean-Pierre Blanc et Malongo qui m'ont tendu la main pour que ce livre existe et qui, depuis de nombreuses années, travaillent auprès de l'UCIRI pour le développement du commerce équitable.

Merci aux amis, collègues, professeurs et organisations diverses qui m'ont conseillé et soutenu au cours de ces dix ans de travail. Merci à mes parents et beaux-parents toujours présents et disponibles pour garder nos enfants lors de mes nombreux séjours.
À Sophie, ma douce moitié, et nos deux enfants, Jérémie et Dominic, merci de bien composer avec les aléas d'un globe-trotter et de fournir l'énergie vitale à une vie des plus inspirantes.

*Toutes les photographies ont été réalisées par Éric St-Pierre,
à l'exception des images aux pages 132 et 135 © Simon Rawles.*

Doubles pages suivantes :

Après le battage du riz, celui-ci est éventé pour éliminer les résidus de paille et les mauvais grains.
Riz biologique et équitable de GreenNet dans le nord de la Thaïlande.

Marche matinale vers les points de récolte du thé au jardin biologique et équitable Ambootia au Darjeeling en Inde.

Plantation de canne à sucre biologique et équitable dans la région de San Isidro del General au Costa Rica.

Photogravure : Quadrilaser à Ormes
Papier : Satimat Green 170g.
Achevé d'imprimer sur les presses de l'imprimerie
Kapp-Lahure et Jombart à Évreux en mars 2008
ISBN : 978-2-7006-0544-0
Dépôt légal : avril 2008
Imprimé en France